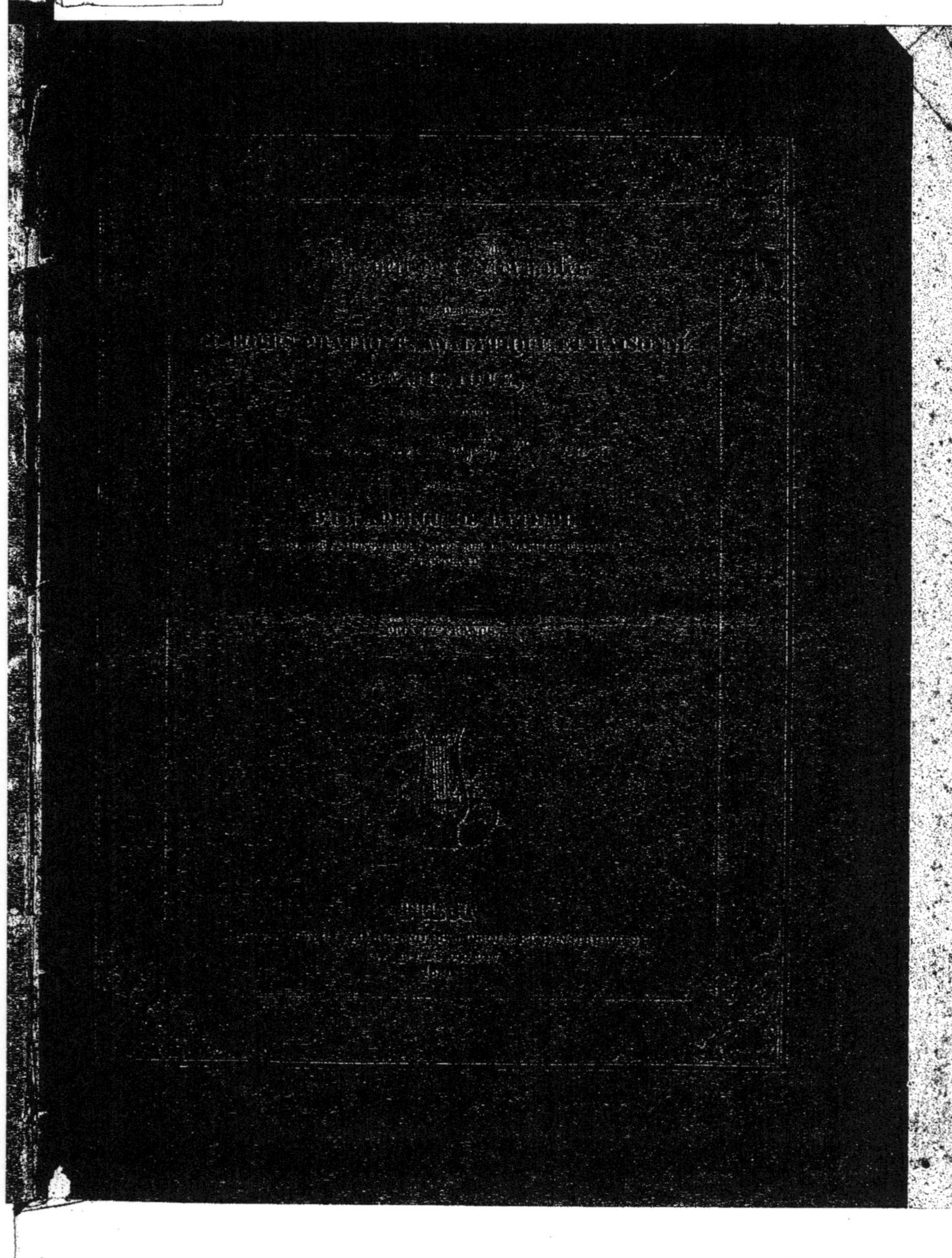

# AVERTISSEMENT.



Les personnes qui croiraient trouver dans ce recueil de formules les moyens d'apprendre la Musique seules ou à l'aide d'un professeur qui ne connaîtrait pas l'esprit de ma méthode, seraient dans l'erreur, car je ne les ai fait imprimer que pour l'usage de mes élèves, afin qu'ils ne perdent pas un temps précieux à copier les leçons.

## Observations importantes concernant les Souscripteurs du Cours.

Se ressouvenir sans cesse de ce précepte de Lemare : « lorsqu'on n'a pas observé, ou qu'on a mal observé, on ne peut que conjecturer, que deviner, et, par conséquent, on ne peut avoir que des notions fausses ou incertaines. Mais il faut nous accoutumer, dit Condillac, à ne voir dans les objets que ce que nous y voyons en effet. »

Ne jamais devancer les leçons données en étude par le professeur ; le temps qu'on y perdrait inutilement serait bien mieux employé à répéter sans cesse ce qu'on a déjà appris, car : « pour s'instruire, il ne suffit pas d'apprendre, mais il faut encore retenir. » (Lemare.)

Les formules devront être sues de mémoire, afin d'être à même de les écrire et analyser jusque dans leurs plus petits détails. Cet exercice, qui d'abord paraîtra très-difficultueux, deviendra bientôt un amusement fort instructif, aussitôt que l'élève aura acquis cet esprit d'observation indispensable pour réussir dans l'étude de quelque science que ce soit : « l'observation étant la base fondamentale et unique de toutes les connaissances possibles. » ( Lemare. )

L'étude devra toujours commencer par les décompositions du rythme. J'ai cru devoir prendre, dans l'intérêt de mes élèves, et comme étant le plus clair et le plus précis, le système de M. Galin, quant à la division des temps, et les dénominations de M. Aimé Paris, comme en rappelant les parties fortes et faibles, car : « une science est d'autant plus parfaite que la langue ou nomenclature en est mieux faite. » ( Condillac. )

L'élève devra toujours avoir présentes à la mémoire ces paroles : l'essentiel n'est pas d'étudier beaucoup, mais de bien étudier.

Tout souscripteur qui comprendra bien l'utilité des observations ci-dessus, peut être assuré qu'il surpassera le résultat annoncé dans mon prospectus ; car l'étude, appuyée sur des principes semblables, triomphera toujours des difficultés que peuvent offrir toutes les sciences.

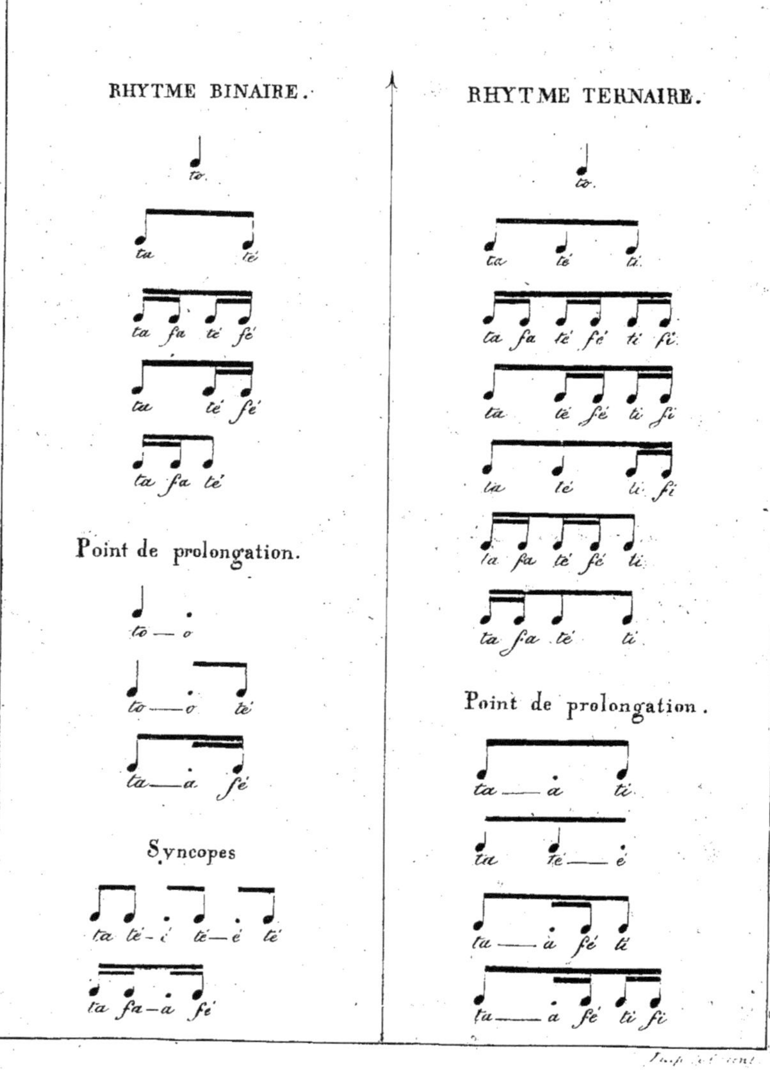


RHYTME BINAIRE.
RHYTME TERNAIRE.
to.
to.
ta    té
ta    té    ti.
ta fa té fé
ta fa té fé ti fi.
tu    té fé
ta    té fé ti fi
ta fa té
ta    té    ti fi
Point de prolongation.
ta fa té fé ti
to — o
ta fa té    ti.
to — o    té
Point de prolongation.
ta — a fé
ta — a    ti
Syncopes
tu    té — é
ta té-é té-é té
ta — a fé ti
ta fa-a fé
ta — a fé ti fi

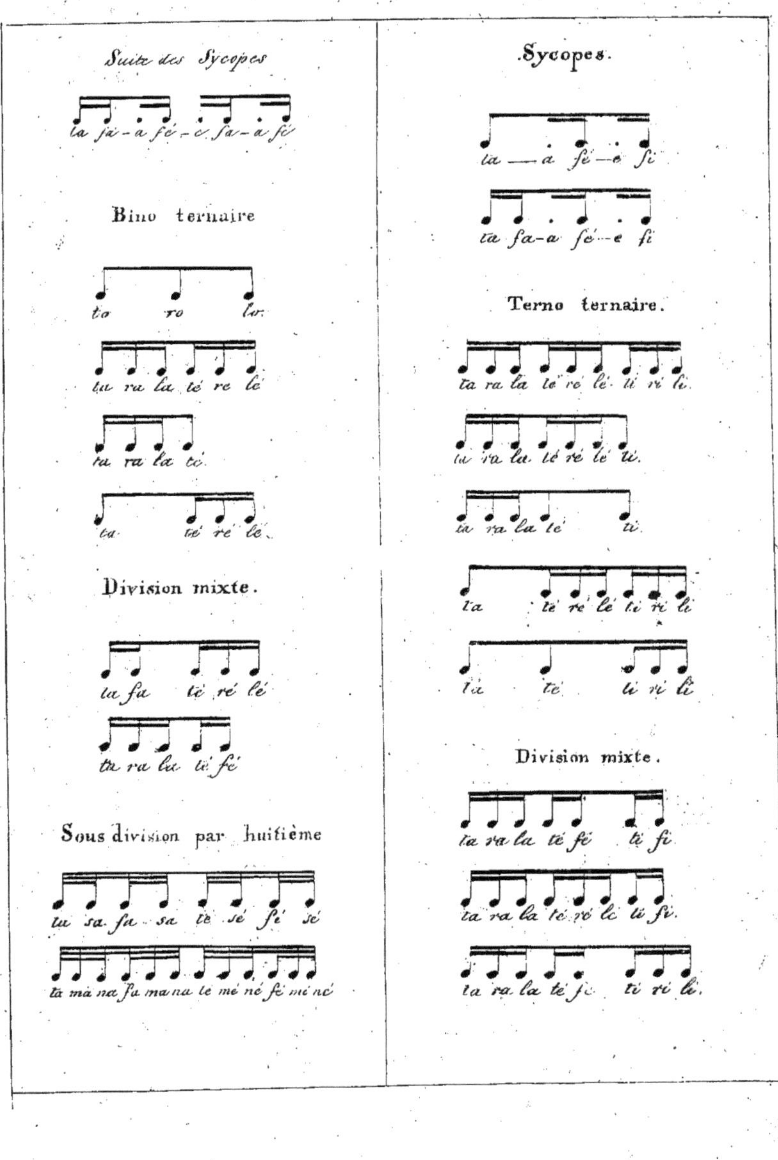
Suite des Sycopes
la fa - a fé - é fa - a fi
Bino ternaire
ta ro tw
ta ra la té re lé
ta ra la té
ta té ré lé
Division mixte.
ta fa té ré lé
ta ra la té fé
Sous division par huitième
ta sa fa sa té sé fé sé
ta ma na fa ma na té mé né fé mé né
Sycopes.
ta — a fé — é fi
ta fa-a fé — é fi
Terno ternaire.
ta ra la té ré lé ti ri li
ta ra la té ré lé ti
ta ra la té ti
ta té ré lé ti ri li
ta té ti ri li
Division mixte.
ta ra la té fé ti fi
ta ra la té ré lé ti fi
ta ra la té fé ti ri li

1ère Tonique UT.
FORMULE.
Ré-pé-tons en---co---re tra la la la la.

2e Tonique UT #
FORMULE.
Ré-pé-tons tou---jours tra la la la
la la la la la la la la la

3e Tonique UT ♭
FORMULE
Je la tiens je la tiens oui c'est bien là la mé-di-an-te;
Je la tiens je la tiens car c'est bien ce----là oui da.

4e Tonique SOL.
FORMULE
C'est l'ac-cord de la to-ni-que c'est l'ac-cord oui
j'en suis sur a a a.

5e
FORMULE
La do-mi--nan-te ren---ver-sée la voi
la la voi la ren--ver--sée.

6.ᵉ Tonique FA#
FORMULE.
Ap - pre - nons bien de la to - - ni - que le com - plé-
- ment et les de - - grès qu'il faut pour y ar - ri - - ver.
a__ a__ a__ a__

7.ᵉ Tonique FA.
FORMULE.
At - ten - ti - on voi - ci l'ac-cord dans son pre-mier
ren - ver - se - ment a_ a_ a_

8.ᵉ Tonique RÉ
FORMULE.
Voi-ci l'ac - cord dans son se-cond ren-ver-se-
- ment en_ en_ en_ en_ en.

9.ᵉ Tonique RÉ♭
FORMULE.
Gamme diatonique ascendante
Voi-là aus-si la sen-si--ble la voi - ci la voi-
-ci pre-nez la bien lors qu'elle est ren-ver-se'e e'_ e'_ e'.

10ᵉ **Tonique SI ♭.**

**FORMULE.** *D'Handel.*

11ᵉ **Tonique SI.**

**FORMULE.**

12ᵉ
FORMULE.
Tonique LA b.
1   2
At - ten - ti - - on j'ap - per - çois trois - ac - cords re - mar - quons
3
en tou tes les com - bi - nai - - sons le pre mier est pris sur la to -
- - ni - que le se - - cond est sur la do - - mi - - nan - te le troi -
- siè - me la sous do - mi - nan - te ré - pé - tons en - core ces ac - cords
- - - là
13ᵐᵉ
FORMULE
Tonique LA.
1   2
Bon Dieu en - co - re des ac - cords ça ne fi - nit pas
vo - yons donc si je pour - rai les dé - cou - - vrir. Le pre - mier sur la to -
- ni - que le se - cond la do - mi - nan - te, le troi - siè - me est bien je
pen - se pris sur la sous - do - mi - nan - te ah! mon Dieu tout ça me fait bail -
ler.

14.ᵉ Tonique MI.

FORMULE.

15.ᵉ   Tonique MI ♭
FORMULE.
Voi--là le bel ac--cord de sep-tiè-me do-mi-
nan-te a--vec trois ren-ver-se--ments pre--nez y donc bien gar-de
la la la a a a a la la la a a a.
la la la a a a les voi--là bien tous trois.

16.ᵉ
FORMULE.
a a a a a a
-- --prends
a a a a a a a a a a a
a mais vo---yez donc la to---ni-que est chan--
gé e elle est à la quin te du point de dé--
-part je la re----

17e
FORMULE.
A la do - mi - - - nan - - te vous al - - lez mo - du -
- - - ler mais i - ci la sen-si - - - ble par un dièze est an-non-
- - - - - cée et vous ren - - trez par l'ac - cord de sep - - tième do - mi - -
- - - nan - - te pre - nez y gar - - - - - de vous le ver -
- - - rez a_ a_ a_ a_ a_ a_ a_ a_ a_ a_ a_ a_
18.e
FORMULE.
I ci je change de me - su - re et je mo - du -
- - le à la sous - do - mi - nan - - - - te a a a a a a a
a a a a a a a a a a a la la la.
la a a. a a a a a a la la la la
la a a a a a a a a a a a a a a a a a a a

Gravé et Écrit P. L. Pre de Auzonne

12.
19e
FORMULE.

a a a a a a a a a a a a a
a a a a a a a a a a a a a a
a i ci je mo-dule à la quin-te le bé- - mol m'en a-ver-
tit c'est à la quinte in- -fé- ri- eu- - - - re car
voi-là bien ma to-ni-que je re-viens au ton pri-mi-
- -tif ce bé-carre le fait pres-sen-tir a
a a a a a a a a a a a a a a

20.<sup>e</sup>

**FORMULE.**

## PETITE FORMULE

*à mnémoniser pour ne pas confondre l'accord mineur*
*avec l'accord majeur.*

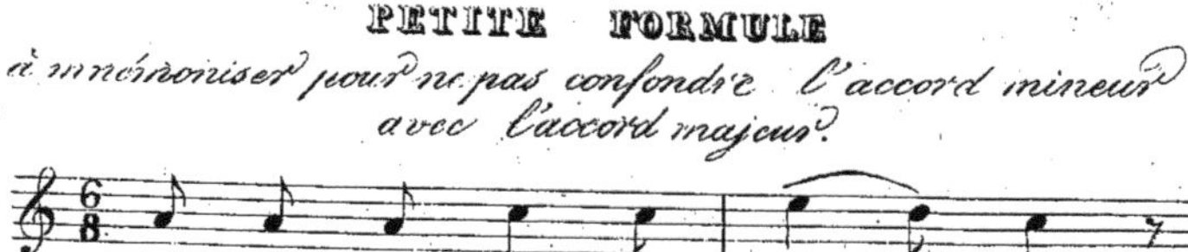

14.
21.e
FORMULE,
Sur la syn-co-pe vou-lez-vous vous ex-er-- 
--cer la po-lo--nai-se vous ser--vi--
--ra a a a a a a a a
a a a a a a a a a a a a a a a a
a a a a a a a a a a a a
a a a a a a a a a a a a a a a a a
a a a a a a a a a a a a a a a a a.

22.ᵉ
FORMULE

25.ᵉ
FORMULE

## Parallèle des deux échelles majeure et mineure.



## Modulations usitées

### Dans les modes majeurs

### Dans les modes mineurs



## Accords suspensifs nommés Dissonnans.

### Accord de 7.e dominante avec ses renversemens et ses résolutions sur la tonique majeure



### Accord de 7.e dominante avec ses renversemens et ses résolutions sur la tonique mineure

Accord de 7.me sensible du mode majeur avec ses renversemens et ses résolutions.

Accord de 7.me sensible ou 7.me diminuée avec ses renversemens et ses résolut. sur la tonique min.re

Accord de 9.e majeure avec ses résolutions.

Accord de 9.e mineure avec ses résolutions.

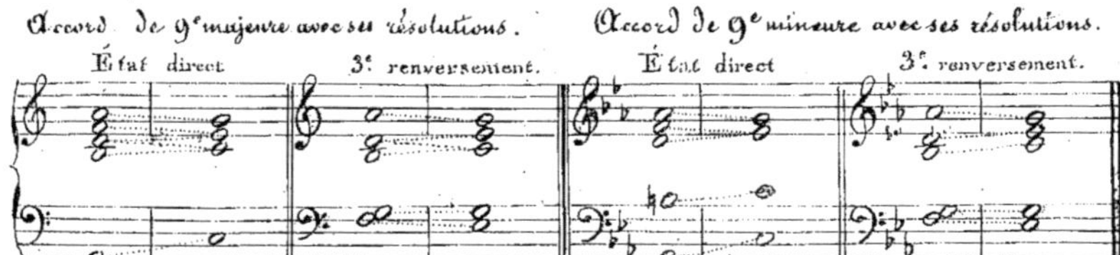


# Fautes à éviter

Dans l'accord de septième Dominante ou septième sensible lorsqu'une Des parties se trouve Doublée; afin de ne point faire Deux octaves De suite.

# GÉNÉRATION DES TONS MAJEURS.

| | | | | | | | | | | | | | | | |
|---|---|---|---|---|---|---|---|---|---|---|---|---|---|---|---|
| ⊕ | Ut♭ | Sol♭ | Ré♭ | La♭ | Mi♭ | Si♭ | Fa | Ut | Sol | Ré | La | Mi | Si | Fa♯ | Ut♯ |
| △ | Si♭ | Fa | Ut | Sol | Ré | La | Mi | Si | Fa♯ | Ut♯ | Sol♯ | Ré♯ | La♯ | Mi♯ | Si♯ |
| ¶ | La♭ | Mi♭ | Si♭ | Fa | Ut | Sol | Re | La | Mi | Si | Fa♯ | Ut♯ | Sol♯ | Ré♯ | La♯ |
| ⊖ | Sol♭ | Ré♭ | La♭ | Mi♭ | Si♭ | Fa | Ut | Sol | Ré | La | Mi | Si | Fa♯ | Ut♯ | Sol♯ |
| ▽ | Fa♭ | Ut♭ | Sol♭ | Ré♭ | La♭ | Mi♭ | Si♭ | Fa | Ut | Sol | Ré | La | Mi | Si | Fa♯ |
| ○ | Mi♭ | Si♭ | Fa | Ut | Sol | Ré | La | Mi | Si | Fa♯ | Ut♯ | Sol♯ | Ré♯ | La♯ | Mi♯ |
| • | Ré♭ | La♭ | Mi♭ | Si♭ | Fa | Ut | Sol | Ré | La | Mi | Si | Fa♯ | Ut♯ | Sol♯ | Ré♯ |
| ⊕ | Ut♭ | Sol♭ | Ré♭ | La♭ | Mi♭ | Si♭ | Fa | Ut | Sol | Ré | La | Mi | Si | Fa♯ | Ut♯ |

*Modulation à la S. Dominante.    Modulation à la Dominante*

## TONIQUES MINEURES RELATIVES DU TABLEAU CI-DESSUS

| | | | | | | | | | | | | | | | |
|---|---|---|---|---|---|---|---|---|---|---|---|---|---|---|---|
| ⊕ | La♭ | Mi♭ | Si♭ | Fa | Ut | Sol | Ré | La | Mi | Si | Fa♯ | Ut♯ | Sol♯ | Ré♯ | La♯ |
|  | Sol | Ré | La | Mi | Si | Fa♯ | Ut♯ | Sol♯ | Ré♯ | La♯ | Mi♯ | Si♯ | Fa♯ | Ut♯ | Sol♯ |
| ⊖ | Fa♭ | Ut♭ | Sol♭ | Ré♭ | La♭ | Mi♭ | Si♭ | Fa | Ut | Sol | Ré | La | Mi | Si | Fa♯ |
|  | Mi♭ | Si♭ | Fa | Ut | Sol | Ré | La | Mi | Si | Fa♯ | Ut♯ | Sol♯ | Ré♯ | La♯ | Mi♯ |
| ▽ | Ré♭ | La♭ | Mi♭ | Si♭ | Fa | Ut | Sol | Ré | La | Mi | Si | Fa♯ | Ut♯ | Sol♯ | Ré♯ |
| ○ | Ut♭ | Sol♭ | Ré♭ | La♭ | Mi♭ | Si♭ | Fa | Ut | Sol | Ré | La | Mi | Si | Fa♯ | Ut♯ |
| • | Si♭ | Fa | Ut | Sol | Ré | La | Mi | Si | Fa♯ | Ut♯ | Sol♯ | Ré♯ | La♯ | Mi♯ | Si♯ |
| ⊕ | La♭ | Mi♭ | Si♭ | Fa | Ut | Sol | Ré | La | Mi | Si | Fa♯ | Ut♯ | Sol♯ | Ré♯ | La♯ |

*Modulations à la Sous-Dominante.    Modulations à la Dominante.*

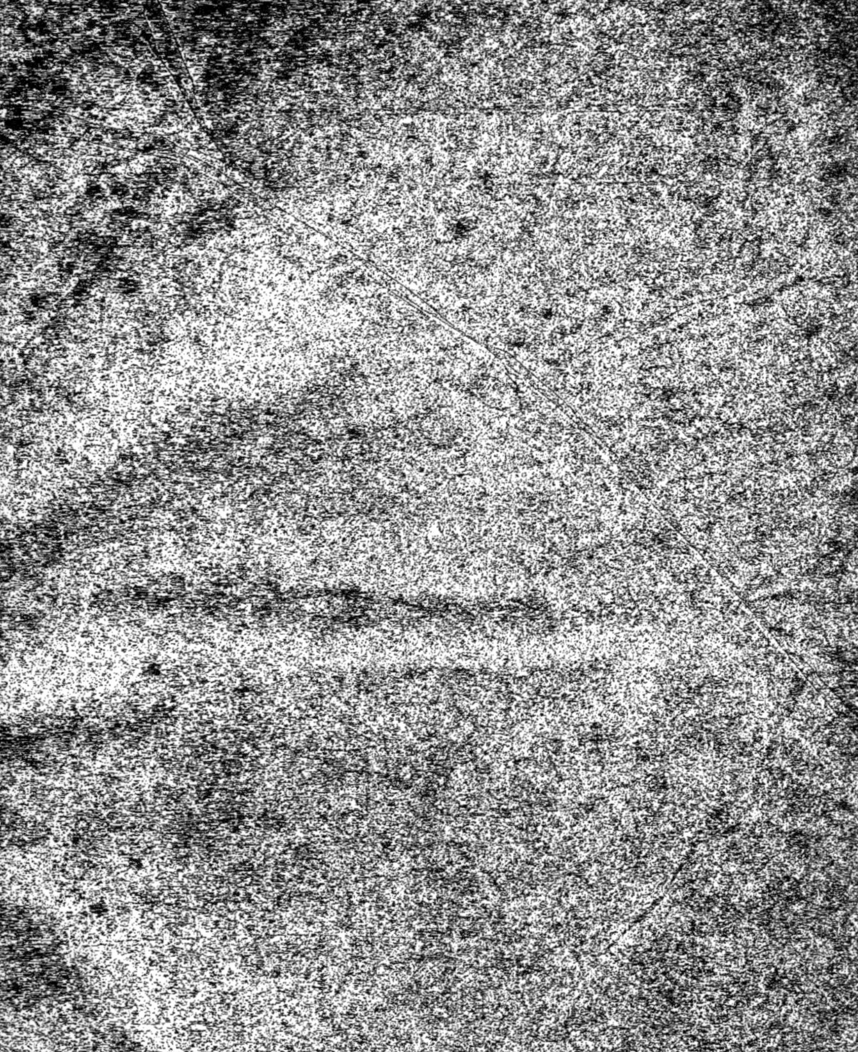